Soledad Zurera

La piel descalza

Soledad Zurera

La piel descalza

Colección
Dabisse ❧ Romero

Primera edición: noviembre 2025

ISBN: 979-13-990787-2-5

Depósito Legal: MA 1689-2025

Impresión y encuadernación: Podiprint

Directora de la colección: Isabel Romero

© Soledad Zurera, 2025
© Editorial Anáfora, 2025

Diseño y maquetación: Editorial Anáfora

Logotipo Colección Dabisse Romero: Aguillen Art

Edita: Editorial Anáfora
www.editorialanafora.com
info@editorialanafora.com

I
LAS VOCES DEL SILENCIO

Desde tu piel descalza

I

Hay un papel escrito;
el nombre está mal puesto:
yo no me llamo así;
yo no me llamo;
soy la conciencia de un error;
una perezosa mansedumbre;
la gelidez del tiempo,
silente e interminable;
la tortura de un silencio;
siento mucho asco;
soy el extranjero de Camus;
la piel descalza.

Entrega

Cierra los ojos y entrégate al poema;
él, como tú, tiene la piel descalza;
el verso íntegro transcurre por su cuerpo;
se vierte por la sangre;
las horas monótonas.

Entrégate con todo lo que implica,
ante la sagrada forma de un aljibe,
que no cesa de verter el agua;
la fuente donde mana la pureza;
el pebetero en un templo encendido.

Cierra los ojos y entrégate al abrazo;
silenciosa y pensativa,
la gelidez del olvido;
nacimiento último, pregonaba Aleixandre;
unidos el poema y el verso,
una vez emanado de la conciencia de los dioses.

El reino del poeta, un ser apestado,
expulsado de la República,
en tiempos de Platón;
no es de este mundo —decía Cernuda—
trastoca la armonía universal;
deviene en cambiar el mundo,
a pesar de todo.

Diccionario

El lenguaje distorsiona todo lo que cuenta.

Abro un poema antiguo;
descubro un lenguaje olvidado;
me lleno de palabras;
parezco un diccionario;
busco sinónimos y antónimos;
acepciones referidas a las etimologías;
las raíces de un término:
Pidal o Menéndez Pelayo;
Andrés Bello o Cuervo;
Tomás Navarro, Llorente o Lázaro.

Tres sombreros de Copa:
—quiero ser Paula—
Mihura, Arniches o Lorca;
el amor de Don Pirlimplín;
el Triciclo o Picnic;
ya el pasado.

A veces son como ligeras plumas,
las palabras;
otras, neviscas en invierno;
voces en la penumbra;
acepciones de la gramática;
trazos de fonemas.
Filóloga o apologista;
Andersen o Grimm;
tengo mucho cuento.

Te llamaré dolor

Ningún olvido se parece a otro olvido.
No sé cómo llamarte.
Ha pasado el tiempo del amor:
El viento de Noviembre lo arrastró con la lluvia.

Te llamaré dolor.

Hay nombres que no debieran pronunciarse.
Desconozco el tuyo.
Las garzas en sus picos se llevaron las letras.
Eres un ser sin sustantivos.

Asciende en la garganta una isla desierta.
Un mundo de palabras que no conoce nadie,
Tristea y se nostalgia.
Las nubes trasiegan con las lluvias y anochece.

Te llamaré dolor.

Eres la piel

Eres la piel descalza:
la piel descalza;
tu certeza radica en ello;
en ello radica:
frágil y bello,
corzo que en los bosques habita;
amor de noche o madrugada;
hermoso todavía;
todavía hermoso;
eres la huella que marca los caminos;
la piel descalza.

Tuve un amor

"Parece que no hay nada o que todo se ha ido"
(J.R.J).

Tuve un amor:
un amor hace ya muchos años,
me llamaba por mi nombre
y yo por el suyo lo llamaba.

Era un amor hermoso,
nítido y limpio;
ácima agua de la lluvia,
que todo incide en limpiarlo.

De quién este recuerdo,
de dónde surgen las palabras
de aquel o de mí misma.

Una tristeza triste,
una triste tristeza,
diferente al olvido,
distinto al de otras veces;
bruma que engendra bruma;
beso que vuelve labio;
amanecer que nace en sí mismo
y en sí mismo se oscura;
la nubes en sombra palidecen,
apenas una luz en la memoria.

Aquel amor existe todavía,
aunque ya no es de este mundo,
sino del reino de Dios.

Recuerdo

La misma imagen tersa.
El rostro que hurga en el interior
De este poema.

Te amo lo mismo que aquel último octubre,
Donde nos refugiaban las ramas del algarrobo.
El color de los ojos era un trasunto de aquel árbol.
Tú y aquella delicadeza tuya.
Mirabas tras el cristal caer la lluvia.
Si me hubieras amado por las tardes aquellas,
Grises, como las plumas de las palomas torcazas;
Los desechos de no importa qué invierno,
Siguiendo el rastro de los atardeceres frágiles.
Si me hubieras dicho que allí iba a encontrarte,
Habría salido alegre por montes y collados.
Igual que la amada de un cantar bíblico.

Pero tú no me amas como aquel húmedo otoño;
Ni el color de los ojos es trasunto de un árbol.
Y debieras amarme tal se aman los brotes de las hojas.
Al menos un poco de lo que yo te amo.
Tu amor sería digno de la pluma de Goethe,
Por las tardes aquellas de picos de alcotanes.
Tal vez Eliot.

Desorientada

Mira el viento,
el viento únicamente.
Y esta lentitud de la sombra;
ahora que el unicornio
muestra su cuerno erecto,
dispuesto a la virgen muchacha.

Tú, qué esperas de la mitología;
algún ser te corresponde;
es la vida que habitas.
Dime qué secreto o ave
incidió en desubicar el nido.

Sé que amas la existencia;
todos los seres están en la existencia;
existir es permanecer en uno mismo.
pero aquel al que amaste
no se encuentra en el mundo.
Andas desorientada,
desorientada.

Mar

La pleamar eterna que emana de tu cuerpo;
El sonido del mar cuando invade la tarde;
Sal y agua te sientes;
A veces eres playa y caminas descalzo;
Bailas la danza de los delfines;
Tú eres un delfín;
Con ellos realizas saltos malabares;
Atlético y risueño,
De piel descalza al tacto.

Impávida ante el paso de las horas;
Eres el mar, el azul índigo
y yo tus olas más dulces;
remarte es el momento de la espuma;
porque tú eres la espuma.

Ahora que sé de tu piel descalza;
La arena que tacta los costados;
Ven luego a abrazarme;
Me amas al igual que yo te amo.

Este sol del verano y estas tardes de estío;
La orilla donde pululan las medusas;
Ellas se marchan cuando cerca te presienten;
No hay nada que pueda lastimar tu piel descalza;
Tu piel descalza.

Avispas

Bruscamente la mañana me despierta;
me despoja de las sábanas;
deshace el embozo de la almohada;
destroza el encaje que hice con ganchillos;
qué inoportuna la mañana.

Mis ojos en la umbría de un pasillo;
la oscuridad por la carencia de la luz;
la oquedad o el pozo,
nada a distinguir discierno.

Y luego la palabra ausente;
un paisaje de árboles,
abetos y coníferas.

A dónde depositar flores en marzo;
qué mano amante o fraterna;
un relato inacabado,
como son los relatos de finales muy tristes,
amargos, amarguísimos.

Cuánto tiempo perdido en amar
lo que no tiene nombre;
aquello que no es nada y lo fue todo,
diatriba de contrarios;
y esta mañana a picaduras de avispas.

La paz

La paz:
esa palabra;
tres letras,
eso dice la fonología;
juntas forman un concepto;
emanan sentimientos fraternales;
sanadora en esencia;
engrandece el corazón del hombre;
la palabra se inserta en el diccionario.

En este rincón del escritorio,
entre el atril y el libro,
la luz de una bombilla,
la hoja blanca;
alguien acaba con su blancura;
ennegrece el folio la tinta de la pluma;
se desliza manchando la cuartilla;
tengo un dolor antiguo.

Viento

Un pájaro canta:
su trino se alza;
desde el aire, por el aire;
desde la rama que pisa,
desde la cual se eleva;
asciende a lo más alto,
albatros ciego,
sin temor al peligro.

El viento entra en la casa;
un eco de tristeza
atraviesa los pasillos;
no sé qué quiere el viento;
ese aire oculto que penetra
el céfiro viene de vuelta.

Brisa, aire puro, aire,
remueve los rincones,
los rincones el viento;
No sé qué tiene el viento.

Del amor oscuro

Tristearte la ausencia,
por si en ella te encuentro;
pueda sanarte las heridas,
que el tiempo ha ido causando;
vuelvan a sorprenderme los octubres,
asomada al otoño.

Tristearte los labios en el rito del beso,
allí donde la boca de un zahorí;
bebe del agua hallada bajo tierra.

Ven por donde la noche encuentra las sombras;
alguien escribe para ti sonetos del amor oscuro,
sin que de tal plagio Lorca supiese.

Tristearte la tristeza;
las cicatrices inferidas por los años,
hace cuánto tiempo de amores y despojos;
las avenidas de una ciudad sin las acacias;
los bancos vacíos donde no se sienta nadie;
las voces del silencio de tu piel descalza.

Poeta

Una palabra muere cuando se pronuncia;
yo afirmo que es entonces
cuando comienza a vivir.

Ella es el poema:
ella es todos los versos,
que por escribir le quedan.

Tiene ojos de azor y de águila;
se encierra en el desván,
relectura los libros,
descatalogados y extraños.

Las historias que le hubieran contado;
la vida en el pueblo;
el corral donde defecan personas y animales;
ir con los mulos a la fuente.

Los aperos de labranza;
los campos y terruños;
el hermano que la acecha,
sin ningunas muestras de fraternidad.

Las tareas de la casa;
los braseros en invierno,
todo ello desde la ignominia recuerda;
los cantaros y chamizos de madera.

Camino del olvido

El corral, los animales;
las estreberes con que azuzar el fuego;
aquel mundo que dejó y ya no existe;
el lugar acaso, acaso el lugar,
donde ha de regresar a sus raíces.

Camino del olvido se ha marchado;
va recitando el verso,
que no pudo escribir.

Todo lo que ama ha muerto;
la vida es a una carta;
oros y arrastra;
no hay más premoniciones;
no guarda ningún as bajo la manga.

Juega a campo abierto;
el grado de dolor;
los errores del alma;
oscurece la luz sola;
la palabra sola;
la mirada del lenguaje;
un murmullo cercano;
un destello de luz.

Explora el poema, lo construye:
pájaros o alas, brisas o fuentes;
ella, una mujer de piel descalza,
de piel descalza.

Artilugio de la sombra

A tientas y sin abrir los ojos,
tacto las letras en morse de los poemas,
escritos con las plumas de los manuscritos antiguos;
artilugio de la sombra en el deseo de un alba;
nunca se hizo la luz.

A tientas por los pasillos a oscuras del poema,
al final de la tiniebla la espesura de la noche;
la palabra se transforma en hallazgo de misterio;
la oscuridad revierte en la costumbre de la ceniza;
nunca se hizo la luz.

A tientas debajo de las rimas de los poemas;
un temblor de metáforas entre la lluvia y el agua;
el arcón y su recuerdo de alto sauce en el bosque;
los libros, los índices, el vértigo de un lápiz.

El tacto de tu piel

Nunca se hizo la luz,
porque el poema es ciego.
El tacto de tu piel descalza:
Tu piel descalza.

Solo tu piel descalza;
tu piel descalza;
mis manos despojando tus ropajes,
hasta dejarte desnudo;
igual a la tez del tiempo;
la tez del tiempo;
la cicatriz de los días en tus arrugas;
las auroras del alba;
el murmullo de las fuentes;
la vida y cualquier cosa,
los cabellos que no fueron de nieve;
saber de tu piel descalza;
de tu piel descalza.

II
LA MEMORIA COMPARTIDA

¿En qué cama de señorita estúpida,
me negarás tres veces?

No te inmutes

No te inmutes:
permanece hasta que pase la ventisca;
soporta las inclemencias del temblor y los picos;
ingrávido, tras las celosías;
allí, donde las alfombras de esparto;
sientas la aspereza en las plantas de los pies;
el discurso de desamor y el tiempo;
ningún sueño es mentira.

Impresiones

La luna y tu piel descalza;
los círculos, los ojos;
los labios que crípticos se vuelven;
nublos de un gris pálido;
la fragancia de un incienso.

La luz blanca:
la claridad de las mañanas,
tan ajena a las sombras;
esta piel descalza,
piel descalza.

La barca de Caronte repleta de parias,
a los que morir no les importa.

La íntima quietud del verso;
el trino solitario;
el alma taciturna;
la misma sombra oculta;
cómo puedo morirme sin ver París.

Tratado de ternura

Quiero saber el pájaro.
Tu voz íntimamente cuanto más lejana.
Quebrantar la nostalgia como rosa de invernadero.
Los tacones en las baldosas de una habitación,
Con vistas al invierno,
De paraguas y lluvias.

Quiero saber el cuerpo.
A qué huele tu carne en las noches de invierno.
El roce que tiene la tersura de un vuelo repentino.
Las sílabas de un verso que reclama la música.
El secreto donde una rima se asonanta.

Quiero saber la voz.
El título impreciso de los poemas que escribes,
Ya pasado tu tiempo,
Garcilaso estúpido.

El papel que desempeña la seducción en todo esto,
Por un simple tratado de ternura.

Hojas o palomas

Una bandada de palomas vuela
al repaire del viento;
no son palomas, son hojas,
que los últimos días de octubre arrastran.

Son palomas, no hojas:
he ahí la diatriba;
el otoño con su olor a canela molida;
castaños, ciruelos, cilantros, manzanillas,
aguacates, jengibres, rododendros o hinojos.

Son hojas, no palomas;
por el horizonte vuelan;
detrás del horizonte se diluyen;
marrones o amarillas.

No son palomas, son hojas,
efímeras como octubre,
cuando la lluvia amenaza
los granados y albaricoques.

Hojas o palomas;
palomas u hojas;
esa u que mata el ritmo del poema;
tiempo es de ir relegando disyuntivas:
la violeta o el laurel, la rama o la espiga.

Existencia

Y el vino generoso de la sangre,
que engendra vírgenes.

Todo eres tú y tu piel descalza;
!a agonía de una sombra,
que no acaba de morirse.

Te espero en los bancos de los parques;
hago jirones la camisa que te cubre;
contemplo tu pecho,
como un bosque inexplorado.

Este es el poder de la ceniza,
Lacerante y latiente;
Latiente y lacerante,
plenitud o lejanía.

Tú, la única razón de la palabra;
la existencia o la vida;
el dolor o el silencio.

Se agranda la distancia;
los límites cada vez más amplios;
las visitas por las tardes y el olvido;
crepuscular la penumbra de la luz;
soy injusta al no aceptar que has muerto.

Rilke

La agonía de una sombra,
tal la oscuridad fuera yo misma;
yo misma fuera,
un espectro fuera.
el Orco en el mundo clásico;
qué significa en la civilización nuestra;
los humanos que fueron y ya no están,
algunos muy amados.

La primavera y el invierno;
el tiempo y su decurso;
el escorpión con su veneno;
la presa que persigue.

Un dios que no sabes si existe;
las dudas sobre el ser y su esencia;
qué haces tú en este mundo,
sin amada y sin casa, como Rilke
y sufres.

Frente al espejo

Donde ahora estoy de pie,
frente al espejo,
recuerdo los versos de Machado,
repletos de hermosura y certeza,
leo en cualquier parte,
la soledad cercana,
fragmentos de tristeza,
volando a ras de las aceras,
bajo vuelo de sombra;
nube de alas que en el suelo de deslizan.

La noche esencia de! silencio,
desde la huida;
la esfera de lo incierto.

Busco el contorno de tu piel,
la otra dimensión del olvido;
el cauce de aquello que discurre;
el temblor del cáliz en los labios;
El jadeo de un sabueso en las caderas;
el deseo en tibia espuma,
nómadas de la lluvia;
verte alejar del dolor;
la rúbrica en roja sangre;
la voz que duda lo que dice,
sentada, aquí, frente al espejo.

El perfume

Huelo a tu perfume de azahar o jazmines;
desde la placenta de mi madre,
o la luna en el invierno en que fui engendrada,
tras el humo de los sándalos en las alcobas.
Es un olor que todo lo impregna:
La celosía, el alféizar, el corsé, el vestido;
La escala del crepúsculo, el vaivén de los años;
El arrayán en la tarde, el incienso o el áloe,
Las alhucemas o los naranjos amargos;
Huelo a tu perfume de jengibre y almizcle;
tras el olor a cedro que desprenden los bosques.
Tú, aromatizado dentro de un frasco azul,
como los ojos de un hombre normando.
Huelo desde el olvido a tus adentros.
Tu olor, el de un muchacho de otros tiempos,
que acudiera desnudo a mis estancias,
donde la sombra huye con un rostro de viento.
Tu perfume es de la mirra o la miel de las abejas;
Tu aroma, igual al olor del alhelí o los lirios.
Olor a adolescencia, rama de sándalo soy,
ancestral y telúrica, pebetero de ámbar.

Escúchame

Escúchame:
por última vez escúchame;
no quiero más dialogar contigo;
me he perdido la brisa;
los lentiscos, las acacias en flor;
el caer de las hojas lentas;
la alfombra de los vegetales;
los mantras en otoño.

Las ciudades que he ido dejando;
los cuadros en los museos;
el mirhab de las mezquitas;
el imán cuando reza.

Escúchame:
no te daré otra ocasión para hacerlo;
habré de refugiarme en el silencio,
escoltada por las lunas.

Es que quiero mirar por los tejados;
ver posarse en el rejado los vencejos;
anidar las cigüeñas en las torres;
oír el repicar de las campanas,
cuando suenan a muerto.

Quiero vivir sin dialogarte,
sin espirales de agua,
sin tejer los brocados.

Escúchame:
me iré con las aves hacia el Sur;
los gélidos días de invierno;
es una metáfora.

Granada

La vida lleva escritos los mismos nombres:
alguno de ellos se llama inocencia;
tiene, como tú, la piel descalza;
epidermis o tacto, desnudadas las plantas;
Cenicienta sin ganas de recuperar el zapato.

A veces es alegre —la vida—
y se viste de rosa;
retenida en el tiempo, en el tiempo retenida;
ágil y joven, discóbolo lanzando el disco,
relato de una fábula que no es posible.

A suceder sin pausa las estaciones empiezan:
es febrero y marzo, guárdate, César;
abril o mayo; julio o agosto,
septiembre con su brisa y su olor a granadas;
octubre con su otoño y sabor a membrillos;
la lluvia o la tormenta, el cantar la avutarda;
inicios de soledad sobre la piel descalza.

Nostalgiarte en la memoria de los días sin retorno;
cuando evoco de Granada el paseo de los Tristes;
la nieve de la sierra o las aguas del Darro;
la piel descalza.

Deja descansar

Deja descansar a los muertos,
déjalos en paz;
que vivan el sueño eterno;
un sueño parecido a la ceniza
y nadie incida en despertarlos.

Deja descansar a tu amor,
en el triste habitáculo
de un ataúd en tierra.

Allí, cuando despierte
y sepa que lo amaste,
tú —que no fuiste su amada—
tu amor,
un deseo no correspondido;
ascua de la fragua,
el lápiz con que escribes.

Que tu amor descanse
Y viva el mismo olvido.

Os dedico mi silencio

Tengo tanto frío;
tanto frío dentro;
ya no escribiré más
—dice Vargas Llosa—
a no ser un ensayo sobre Sartre.

Nos dedicará a los lectores su silencio;
empiezo a pensar lo mismo:
unas notas sobre Holderling o Cernuda;
los fantasmas que me asaltan.

Alguna lectura debiera de ser imprescindible;
no alcanzo a comprender el sentido del lenguaje.

Todo lo que amo es una entelequia;
sobre ello he escrito,
he escrito sobre ello.

Una mujer antigua;
los límites del pasado,
encorsetan lo que escribir incido.

A veces soy una literatura de paisajes;
otras, diatribas y argumentos;
amplio el concepto de lo que es mentira.

Tengo tanto frío;
tanto frío dentro:
yo también os dedico mi silencio.

Queda la tarde

Queda la tarde;
los días que no vivimos juntos;
las piernas de las muchachas debajo del brasero;
la mano que se posa como una serpiente,
la rastrea hasta el inicio de los muslos.

Quedan las miradas y los labios;
los ojos, águilas en el horizonte;
las alas alzadas al vuelo;
la hábil caza de su presa;
lenta muerte, lentísima,
algún lugar del duelo.

Queda la sombra de las encinas en el río;
la gelidez de las mañanas en noviembre;
las rebecas, mantos de vírgenes,
echadas sobre los hombros.

Queda la pizarra y los libros de texto;
Las fotos en las orlas;
Los textos traducidos en las carpetas;
La tarde donde evocas los pájaros,
Las cartas nunca escritas.

Queda el recuerdo;
El recuerdo queda.

Queda la tarde (II)

Queda la tarde;
todavía la tarde;
la vida que a su final se aproxima,
en forma de tristeza;
el trazo delicado de los cuadros,
piel de angora en los cuerpos.

Queda tu viveza;
la fonética de tu voz en mis oídos;
los días que no vivimos juntos;
un teléfono que nunca será descolgado;
la dirección de una ciudad que ya no sirve.

Queda el olvido;
el olvido queda
y tu piel descalza.

ÍNDICE

Número 15 de la
Colección Dabisse Romero
bajo el cuidado de
Isabel Romero,
directora de la colección.
Se acabó de imprimir en Málaga,
en el mes de noviembre del año 2025,
bajo el sello editorial de **Anáfora**.